AF561541

L'ESOPE FRANÇOIS

ou

FABLES NOUVELLES,

Par M. L. S. DESMAY,

Avec des Figures de Tailles douces.

Chez la VEUVE FRANÇOIS CLOUSIER,
&
PIERRE BIENFAIT, Libraire Juré,
dans la Court du Palais, proche l'Hôtel
de M. le premier President.

M. DC. LXXVII.

AVEC PERMISSION.

CE NEST PAS SANS PEINE
Habert

A MONSIEVR DE FOVRCROY Avocat au Parlement.

ONSIEUR,

Ie pouvois adresser ce petit ouvrage à quelque personne de plus grande condition, mais je ne pouvois en trouver d'un merite plus certain, plus éprouvé, & plus universellement reconnû que le vostre; & cette reconnoissance vous est bien deüe, puisque vous avez acquis ce merite par un attachement inviolable à vostre devoir durant trente trois années d'exercice dans vostre profession. Le Barreau du plus auguste Parlement du Royaume est content, quand il vous voit, & il vous souhaite, quand il ne vous void pas. De ses acclamations, quand il vous entend, & de ses regrets, quand il ne vous entend pas, il se forme un certain concert à vôtre gloire, qui est la plus noble, & la plus agreable de toutes les Harmonies. Il vous considere comme un homme né pour les grandes occasions, elles vous sont toutes destinées. Elles sont faites pour vous. Et lorsque la Cabale vous les arrache, pour les transporter entre les mains d'un autre, il est regardé de tout le monde, comme un usurpateur, qui entre furtivement dans la possession d'un bien, qui ne luy appartient pas, & dont il arrive souvent, qu'il ne re-

ctue ille aucun autre fruit, que sa propre confusion. Heureux ceux! qui sont arrivez, par leurs grands travaux, à ce point de reputation, d'estre également considerez, soit qu'ils agissent, ou qu'ils n'agissent pas; parce que leur Action montre leur merite tel qu'il est; & que leur Inaction, qui ne vient pas d'Eux, mais d'une Cause Etrangere, le fait encore imaginer plus grand qu'il n'est. Dans l'Action, le merite se fait voir quelquefois avec trop d'éclat; sa splendeur trop vive, & trop perçante peut blesser les yeux, qui ne sont pas assez forts, pour soûtenir toute sa lumiere; mais dans l'Inaction, on conçoit le merite, sans le voir; il devient l'ouvrage de ceux qui y pensent; chacun se le figure, comme il luy plaist; chacun en fait sa creature, & son Idole; & on parle plus d'Achille, qui, par un juste dépit, demeure oisif dans ses vaisseaux, qu'on en parleroit peut-estre, s'il combattoit tous les jours à la teste de ses troupes. Trouvez bon, Monsieur, que je vous témoigne la part, que je prends à cette felicité, qui vous est propre, & qui n'arrivera peut-estre qu'à deux ou trois personnes, dans tout un siecle. C'est estre bien hardy, que de joindre à ces riches presens du Ciel, celuy que je vous fais. L'admiration, où je suis, de vos rares qualitez, m'a emporté; je n'ay point esté le maître de mon choix; & le mesme Genie, qui fait mes Vers, m'a inspiré de vous les offrir en qualité de

A Paris, ce 9. Decembre 1677.

Vostre tres-humble & tres-obeïssant serviteur & Compatriote
L. DESMAY.

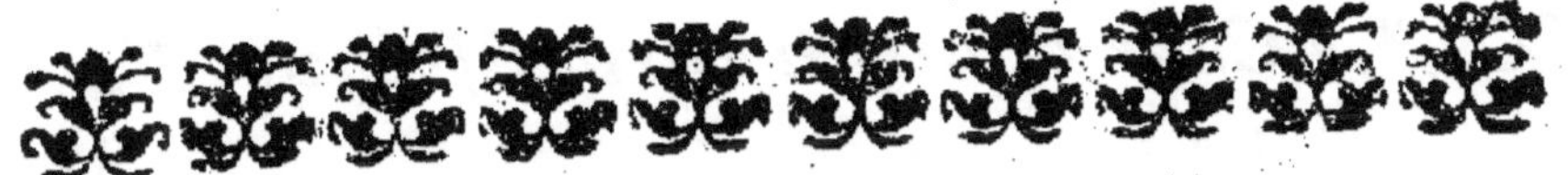

TABLE DES FABLES CONTENUES dans la premiere Partie.

I.

ẽ

LA IEVNE VEVVE AMOVREVSE

OU

La Paix de la Maison.

FABLE I.

CE n'est point chose nouvelle,
De voir que nous allions tous
Sous la tombe, pesle mesle,

Geans, Nains, Riches, Gueux, Jeunes,
Vieux, Sages, Foux.
La Mort, teſte ſans cervelle,
Les yeux fermez tire ſur nous.
Par le plus rude de ſes coups,
Une femme encor jeune & belle
Avoit perdu ſon cher Epoux,
Encor plus jeune, & plus beau qu'Elle.
Et jamais on ne vit la camarde cruelle
Rompre des nœuds ſi fors, ny ſi beaux,
ny ſi doux.
Ils s'aimoient d'une amour extrême,
Et de ſe careſſer ils n'étoient jamais
ſous,
Miracle! Pour fort que l'on s'aime.
Enfin cet Epoux fortuné,

Et cette Epouſe fortunée
Avoient toûjours chanté , rit , ſauté, badiné,
Et ſans que l'un jamais ait l'autre chagriné
Un moment, durant mainte année.
C'étoit le vray miroir de deux Amans parfais.
On ne peut l'eſtre davantage.
La Mort, cette Gaſte-ménage,
Ne pût eſtre long-tems ſans troubler cette paix :
Toûjours de l'union la Quintéuſe jalouſe
Frape un matin l'Epoux dans les bras de l'Epouſe

Du plus aceré de ses trais,
Et les separe pour jamais.
Je vous laisse à penser la douloureuse peine.
Elle luy ravit, l'inhumaine,
Tout ce que cette vie a pour elle d'attrais.
C'est ainsi que deux Tourterelles
Sur le Myrthe amoureux se baisans tour à tour,
Goutent les douceurs, que l'Amour
Prodigue à ses Amans fideles,
Quand l'avide & sanglant Autour,
Venant fondre en traitre sur elles,
N'en laisse échaper qu'une à ses serres mortelles,

Dont il déchire l'autre, & la prive
du jour.
Aprés quelque tems de constance
Dans une amere doleance,
La Veuve dans son cœur sentit se ra-
lumer
Les desirs Innocens, qui l'avoient fait
aimer.
Mais songeant à l'amour parfaite,
Dont le pauvre Defunct l'aimoit,
Elle devoit, à ce qu'elle estimoit,
Faire du monde une honête retraite.
Mais elle estoit encor belle, jeune, &
bien-faite,
Et l'Hymen encor la charmoit.
Le Delectable ainsi l'emporta sur
l'Honête,

Ou plûtôt elle sût, par son Esprit acort,
Mettre le Delectable & l'Honête d'acort.

Voicy la Ruse qu'elle invente;
Son cher Epoux à son deceds
Avoit laissé quatre procez,
Quelques heritages en vente,
D'autres à passer par decretz,
Arrerages de mainte Rente,
De Fiefs alienez, trois ou quatre retrais,
De promesses, & de billets,
Quantité; Bref, que je ne mente,
De quoy donner carosse à cinq ou six Rolets.

Elle commence donc à dire à ses Comeres,

Que Veuve plus long-temps elle ne
peut rester ;
Que n'entendant point ses affaires,
Il luy faut un Epoux, à les solliciter.
Une prude répond ; ô la belle dè-
faite ?
A quoy sert un Solliciteur ?
Luy ? dit une Plaideuse, on sait comme il nous traitte.
Luy ? souvent du bon droit le secret corupteur ?
Luy ? qui de sa Partie est souvent la secrette ?
Fou, qui se fie à ce Judas maudit.
Le Proverbe a raison qui dit,
Qu'il n'est que d'estre à son bled moudre.

Elle fut applaudie. Et voulant en
découdre,
Noſtre Veuve à ſa Tante alla conter
comment
Ses affaires alloient tellement quelle-
ment;
Qu'elle n'y pouvoit plus ſuffire;
Que franchement elle venoit luy dire,
De luy trouver un Epoux au plûtôt;
Que c'eſtoit un faire le faut;
Mais qu'elle ne crût point que l'a-
moureux martyre
La travaillât d'une nouvelle ardeur;
Qu'elle avoit pour ce fait, les hommes
en horreur.
La Tante ſe prit à ſourire,

Et lisant au fonds de son cœur,
Le luy promît. La Niece se retire.
Environ quatre jours aprés,
La Tante luy rend sa visite,
Et luy dit, que le Ciel pour elle a fait exprés
L'homme, qu'elle a trouvé. Qu'il court; qu'il sollicite;
Qu'il tourne comme il veut Clercs, Procureurs, Greffiers,
Presidens, Conseillers, Advocats, & Huissiers;
Que menant au Bareau P. Fournier par la Nuque,
Il gaigne Principal, Interests, & dépens,

Et qu'il le fait plaider enfin, malgré
ses dens.

Qu'il est comme il luy faut du reste,
estant Eunuque.

Eunuque ? dit la Niece, Hé fy ?
Pourquoy cela ?

Dit la gaillarde Tante, en quoy vous
fais-je injure ?

Vous n'aimez point les hommes, &
ceux-là

N'en ont du tout que la figure.

Ma Tante vous avez raison

De ce côté-là, répond-elle,

Mais quand nous serons en querelle,

Qui fera, dites-moy ? la paix de la
maison ?

LES NOUVELLISTES.

ou

Le Remede pire que le Mal.

FABLE II.

Quelques curieux Faineans,
De fausses nouvelles frians,
Et reglans tout sur leur caprice,

Parloient au Luxembourg des affaires
du Temps.
On avoit pris d'assaut Mastrik, & sa
Milice
Avoit passé sous le fer des Flamans;
Calvo n'estoit encore qu'un Novice,
Et le Prince d'Orange, un Achille,
un Ulisse,
Qui se retranchoit jusqu'aux dens.
Sans doute Condé, Bouchim, Aire
N'eussent point été pris, si l'on l'eut
laissé faire,
Et sur une bute monté,
S'en rendant témoin oculaire,
Il fit connaître assez son intrepidité.

Le Chapitre à la fin tombant sur la
Police,
„ Juste Ciel! dit l'un, quel supplice,
„ De marcher à Paris! qu'ont fait ses
Habitans,
„ Pour se voir en tous lieux au ventre,
au dos, aux flancs,
„ Carosses allans, & venans?
„ Quand donc pour ces maudits
Traittans
„ Viendra la Chambre de Justice?
Un Barbon, grand Lecteur des Autheurs anciens,
Et qui passoit pour le plus veritable,
Ayant se disoit-il, d'un Grand toûjours la Table,

Interrompt, & leur dit un jour aux Samiens
,, Esope à ce propos raconta cette Fable;
,, Mais il faut estre icy Pitagoriciens,
,, A mon sens Elle est admirable.
A ces mots, tout le Peloton
L'œil fixe, & la bouche béante,
Attend la Fable du Barbon,
Comme une Fable succulente.
Et ce grave Druide aussi-tost prend son ton,
Et répond de la sorte, à leur avide attente;

FABLE

Un Renard, passant un Torrent,
Fut emporté par le courant,
Et jetté dans un trou profond, & plein de fange.
Le Bouc passa par là, se souvenant du Puïs,
Où son dos sottement servit de Pont-Levis
Au Renard, qui l'avoit seduit par ses beaux-dis,
Quelle douceur, quand on se vange!
Dans sa barbe riant, de le voir si bien pris,
Le Bouc luy dit, aprés quelque devis,

„ Quoy tu ne peux ſortir? Helas! non, je ne puis,
„ Et je ſoufre une peine étrange,
„ D'un Tas de mouches qui me mange.
„ O Toy! qui fus toûjours de mes meilleurs amis,
„ Si tu voulois venir les chaſſer? Encor pis,
Dit le Bouc, luy donnant le change,
„ Ceux-là de ton ſang ſont remplis.
„ De Nouveaux alterez le ſucceront, ſans doute,
„ Juſques à la derniere goûte.
Cela dit, il tire Pays,
Et par tout le contant, en fait une riſée.

Le Renard reconnut, que le Bouc disoit vray,
Mais ayant une autre visée,
S'il trouva l'avis à son gré,
La Beste luy parut un peu trop avisée.
Ainsi finit la Fable. Et la Troupe applaudit
Au Barbon, d'avoir si bien dit.

LE BAILLY.

ou

Le Procez de Lubin & du Meunier.

FABLE III.

Messire Jean Thibaut, Bailly de
son Village,
Avoit un Procez à juger

Entre Pierrot Lubin, ſon paiſible Berger,
Et le Meunier du Lieu, tres-quinteux Perſonage.
Voicy ſur quoy l'on conteſtoit;
Sur la croupe d'un mont une Chévre broutoit.
Le Troupeau de Lubin, dont cette Chévre eſtoit,
Alloit paiſſant, aut haut de la montagne,
Le long d'un clair Ruiſſeau, qui d'un Rocher ſortoit,
Et coulant au doux bruit, qui toûjours l'accompagne,

A longs replis ſerpentoit
Dans une verte Campagne.
Sur ſes bors émaillez, Pierrot Lubin chantoit
Les Tendreſſes d'Iris, ſa fidele Compagne,
Et de la Chévre s'écartoit.
Sa Muſette charmoit. Le Ruiſſeau l'écoutoit,
Et retenant ſa courſe, de ſoy-meſme,
Sembloit à l'écouter prendre un plaiſir extrême,
Accordant ſon murmure aux tons de l'Inſtrument,
Et comme ſon Troupeau, le ſuivant lentement.

Un Loup battoit l'estrade en ces lieux sur la brune,
Et cherchant sa bonne fortune,
Il promenoit de toutes pars
Certains faux jour sortant de ses brillans regars,
Et tel, qu'au crupuscule on void faire à la Lune,
Qui ne luit qu'au travers des nuages épars.
Sur sa Route, à cent pas à la ronde éclairée,
Le Loup galope, court, trotte, monte, & décent,
S'areste sur le cû, porte le nez au vent,

Preste l'oreille, flaire, & sent
La beste cornuë égarée.
Il la voit; & déja son avide appetit,
Aussi prompt que ses yeux, la hape, & l'engloutit.
Mais le Ciel, qui sur tout preside,
Et des foibles se fait l'appuy,
Fait que souvent Loup mâche à vuide,
Et c'est ce qu'il fait aujourd'huy,
Rendant nostre Chévre intrepide,
Et plus Loup encore que luy.
Et c'est ainsi qu'entre eux le combat se decide;
Comme elle se void prise, & ne peut reculer,

,, Par une belle mort il nous fait ſi-
gnaler,
Se dit-elle, aiguiſant ſes cornes contre Terre,
,, Et que ſait'on ſi le ſort de la Guerre,
,, Autant que ſort du monde, un ſort
capricieux,
,, Ne rendra point mon effort glorieux?
,, N'eſt-il point de Rocher, qui reſiſte
au Tonnere?
,, Et toûjours le plus fort eſt-il victo-
rieux?
Pour couper court, le Loup fond, la
gueule béante,

La Chévre ne s'en épouvante,
Ains d'un pié ferme, & fiché dans le
mont,
L'attend. Baisse la Teste, & presente
le front.
Le Loup la reçoit dans sa gueule,
Et croit broyer sa Teste en un seul
tour de meule.
Mais le coup de Jarnac, un memo-
rable coup,
L'est moins que celuy-cy, qui décon-
fit le Loup.
Il s'attendoit à la parade,
Mais, comme je l'ay dit, La Chévre
sans branler

Bravement

Bravement se laisse engouler,
Et l'enferant d'une sacade,
De part en part luy perce le Lampas.
Le Loup contre la Chévre tire,
Et veut se décrocher, mais il ne le peut pas,
Les Cornes sur le bout sont croches; c'est tout dire
Qu'il luy cede, la suit, & faisant un faux pas,
L'Entraîne, & cul sur teste ils roulent jusqu'en bas.
Le Grison du Meûnier au pié de la Montagne
Se ragoutoit en paix sur un tas de Chardons,

Justement sous nos Champions,

Qui tombent sur son dos aprés cinq ou six bonds,

Chacun de son côté luy donne des Talons.

L'Asne, de tels Piqueurs hâté, galope, & gaigne

A toutes jambes le Moulin.

Figurez-vous voir le frere Didace

Le soir à son Couvent reporter sa Besace ;

Ainsi tout essouflé revient frere Martin.

Le Meûnier les reçoit tous trois, avec grand joye,

Disant, honneur ! Messieurs ! Grace à
qui vous envoye !
Sur ses pas arrive Lubin,
Qui toûjours courant au Loup crie.
Lubin venant chercher sa Chévre si
cherie,
(Lubin l'aimoit uniquement,
Elle faisoit mainte plaisanterie,
Dont il faisoit son divertissement)
Sur la pente du Mont accourt. Et
justement
Nos Animaux faisoient en ce moment
Les sautereaux de Verberie.
Lubin reclame & Chévre & Loup,
Disant que c'est sa Chévre, & qu'elle
a fait le coup.

Le Meûnier allegue au contraire
L'usage, & la Regle ordinaire,
Que Loup jamais de Chévre ne fut pris ;
Que l'Asne a pris enfin & le Loup & la Chévre,
Ergo que l'un & l'autre à l'Asne estoit aquis.
L'Asne, fier d'un tel coup, leve au Soleil la Lévre ;
Entonne son triomphe, & l'Echo l'aplaudit.
„ Ventrequié ; dit Lubin, il ne sera pas dit,
„ Que ma Chévre aussi te demeure.

„ Pour les Cornes , Lubin ! n'an te les baillera.

„ Ouy ? dit Lubin , morguié! J'allons voar toute à l'heure.

„ De Monsieur le Bailly la gueule en petera.

„ J'en appelle dit l'autre , & le prens à partie ,

„ Et d'abondant luy signifie,

„ Que s'il passe outre, dés demain

„ Dans un morceau de Parchemin ,

„ Portant son *vidimus* , devant Monsieur le Juge ,

„ Il voira son bec jaune, & dans nostre grabuge

„On ſaura que Thibaut, & ta femme..... Lubin?

„Un Juge de Paris eſt une fine beſte.

„*Il* ne fait que taſter ſa teſte,

„Et ſait comme eſt fait un Janin.

„Comme toy, dit Lubin, qui n'és qu'un Jean farine.

„T'en as manty, mordienne, & n'an cognoit Parine.

Là deſſus le Meûnier luy porte un coup de poin

Sur l'œil, & le Berger le luy rend ſur groin.

Le voiſin vient, & les ſepare.

Lubin court au Bailly, luy conte la bagare,

Et l'insolence du Meûnier.

Le Bailly sur le champ fait venir son Greffier.

Plainte, Information, Sentence,

Par laquelle il est dit, qu'en toute diligence

Sera Chévre, Asne, & Loup porté dans sa Maison,

Pour leur estre fait droit ainsi que de raison,

Et nonobstant l'Appel Sentence executée.

Au Juge *ad quem* par le Meûnier portée,

Elle opere *dé gallicò*,

Contre ce petit Juge *â quo*;
Une prise à partie, & qu'à Tibaut l'on soufle.
Mais Thibaut n'est pas si marou-fle,
Qu'il ne s'en doute bien. Incontinent Thibaut
Vient à Paris, muny de pieces qu'il luy faut.
C'estoit Agneau, Chapon, Poulet, Coq-d'Inde, & Liévre.
Lubin suivoit, menant la Chévre,
Pour en faire à Madame un don,
Comme malade du Poumon.
C'estoit quelques jours aprés Pas-que.

Et Thibaut sçavoit bien qu'en pareille saison,

Pour un tel mal, le lait de Chévre est bon.

A peine ont ils passé la porte de saint Jacque,

Que * Miraut qui les suit, lors qu'il ne pense à rien,

** Chien de Lubin.*

Void venir un Chien qui l'attaque,

Miraut va son chemin, & méprise ce Chien.

Ce Chien, qui le poursuit, en fait venir un autre;

Cét autre, son Voisin; & ce Voisin le nôtre,

Et le noſtre, ſon compagnon;

Tellement que Miraut eſt à peine au * Cœur-Bon,

Que voila vingt Chiens qui l'aboyent.

Le nombre croit toûjours. Le Mâtin eſtonné,

Et craignant d'eſtre mal-mené,

Les Equiue, & ſes dens les choyent.

Plus il fuit le combat, & plus on le pourſuit.

Un embaras enfin l'arreſte, & le reduit

Devant l'Ecu d'argent à donner ſeul bataille,

* *Boutique fameuſe d'un Libraire de la ruë de S. Iacques.*

Contre cette nombreuse & poltronne canaille.

Il luy montre les dens. Elle aussi-tost s'enfuit.

Voila tout ainsi comme
Autrefois on a vû
Sur l'un des Ponts de Rome
La valeur d'un seul * homme
Tenir ses Ennemis sur cû.

* *Horatius Coclez.*

„ Voila, Messieurs, dit un Gendarme
„ A d'autres qui sortoient avec luy de l'écû,
„ Comme quoy nous prenons l'alarme,
„ Et que qui doit vaincre est vaincû.

„ Plus le peril est grand, plus un noble courage
„ Se fait à la victoire un glorieux passage.
„ Si vous fuyez, on vous poursuit,
„ Si vous attaquez, on vous fuit.
Reste à dire comment le Juge de Village
Sur le Meûnier eut l'avantage.
Monsieur le Rapporteur rapportoit ses procez
Dés le fin matin au Palais;
Madame, outre son mal, sentant venir l'accez,
Comme d'une petite fiévre,

Avoit fait ſavoir au Portier,
Homme rebarbatif, & fier,
Qu'on ne luy parloit point, lors qu'arrive la Chévre,
Le Pis gros & traînant preſque ſur le pavé,
L'œil à l'erte, & le nez levé,
Et ſe glorifiant dans l'ame,
D'eſtre Nourice de Madame.
Lubin en leſſe la menoit.
Thibaut ſon aſne gourdinoit.
Tous quatre arrivez à la porte,
Thibaut frappe de bonne ſorte.
„ Le Portier de loin crie, hola!
„ Quel eſt cet Impertinent-là,

„Qui frappe à nostre porte en maître ?

„C'est-moy, dit le Bailly Champestre,

„Monsieur est-il ceans ? Non, peste du lourdaut !

Luy répond-on par la lucarne.

Thibaut sur la porte s'acharne,

„Et frappe comme un Diable. On revient. C'est Thibaut,

„L'Amy ! de grace un petit mot !

„Pourrions-nous parler à Madame ?

„Non. Je suis son Fermier, & tu connois ma femme,

,, Et sa Nourrice que voicy
,, Te saluë, & nostre asne aussi,
,, Disant en Latin de Village,
,, Pour un Asne, l'Amy, tres-sublime langage,
,, *O quam benè veneritis,*
Messiores, qui aportatis.
De cet *Aportatis* l'Energie est si forte,
Que les yeroux de la gran-porte
S'ouvrent d'eux-mesmes Tous, grans, moyens, & petis.
Thibaut entre, & tire une toile,
Qui sur le dos du Docteur voile
Liévre, Poulet, Agneau, Poulet-d'Inde, & Chapon.

„Entrez compere ! Entrez. Hé !
Champagne ! Breton !
Petit Jean ! La Fleur ! Loüis ! Guillaume !
Menez.... Mais.... Menez, vous dit-on,
A Madame cet honneste-homme,
Thibaut monte chargé ; fait crier un Poulet.
Lubin au pié du lit trait sa Chévre, & son lait,
Dont il emplit une Ecuele profonde,
Et qu'il fait boire à Madame d'un trait,
Tout chaud, à son poulmon fait tout le bien du monde.

Elle

Elle demande à Thibaut ce que
c'eſt.
Au plus juſte Thibaut luy conte ſon
affaire.
„ N'eſt-ce que cela? non, Madame.
Laiſſe faire,
„ Si demain au matin nous n'avons
un Arreſt,
„ Qui le condamne & te décharge...
„ Adieu! que ma femme de charge
„ Oſte d'icy tout ce taudis.
„ Entens-tu ce que je te dis,
„ Payſan! oüy Madame, & je vous
remercie.
„ Souffrez qu'on mette auſſi la Chévre
à l'Ecurie!

Poursuit Thibaut, en tournant son chapeau,
„ Non. Madame! je vous en prie.
„ Tenez : Elle & Monsieur, dont voila le Tableau
„ Pendu là haut en effigie,
„ Se ressemblent, ma foy! comme deux goutes d'eau.
Thibaut voyant qu'on rit de sa plaisanterie,
Sort baillant sa Chévre à la Brie,
Et tirant un long pié de Veau.
Le lendemain la cause est rapportée.
Comme une Conquerante est la Chévre vantée.

La priſe à partie à neant,
Et ſur l'appel en emendant,
La Chambre le Meûnier condamne,
Pour reparation d'injure, & ſa chicane
De Normant,
A laiſſer à Thibaut ſon Aſne,
Si mieux n'aime donner à Thibaut trente frans,
Le Meûnier conſultant ſur cette alternative,
Trouve par bons avis, qu'il vaut mieux qu'il ſe prive
De ſon Aſne, vil animal ;
Que les frais excedoient trois fois le principal.
Ainſi Thibaut eut l'avantage,

De rentrer triomphant ſur l'Aſne en
ſon Village.

Lubin tenoit les Reſnes du Courſier,
Et crioit *à l'Aſne!* au Meûnier,
Qui les mains ſur le cul, teſte baſſe,
& l'air triſte,
D'un peu loing, en Captif, les ſuivoit
à la piſte.

C'eſt fait. En tire qui voudra
La Moralité qu'il pourra.
La matiere en eſt ample: Et l'on peut,
ce me ſemble,
Juger, ou je n'y connois rien,
Que le Meûnier, & le Loup, & le
Chien,
Dans cette Fable, en font bien trois
nſemble.

LE LOUP ET LE CHIEN.

ou

La bonne Chere.

FABLE IV.

UN Loup, passant un jour le long
d'une Prairie,
Vit loing de leurs Troupeaux sur
l'herbette fleurie

Bergeres & Bergers en feste, & banquettans;
Icy dançans; là coquettans;
Icy relevants mangerie,
Aux despens de leur Bergerie.
Le Loup autour du Pré rodant à pas de Loup,
Esperant qu'il feroit son coup,
Sur quelque Brebis égarée.
Il en rencontre une, alterée,
Qui beuvoit au prochain ruisseau.
Dés qu'elle le void, effarée,
Elle regagne son Troupeau,
Luy donnant une peur à la sienne pareille.
Le Troupeau se reserre & fuit.

En fuyant, il fait un grand bruit.
Loin des autres Guillot dormoit dans un reduit.
A ce bruit Guillot se réveille,
Et son Chien, qui dormoit aussi, sans Loup sentir,
Las, comme son Berger, d'avoir fait la débauche.
Guillot, de peur, que le Loup ne l'a-
Gaigne aux piés pour s'en garantir,
Mais pour Miraut, bon sang ne peut mentir.
Il court, il affronte la Beste,
Qui le voyant si resolu,
A peur à son tour, & s'arreste,

Et pour fuir le combat, se mettant su
le cû,
Luy dit, à qui diable en as-tu
N'oseroit-on voir cette feste ?
J'ay fait aujourd'huy longue
traitte.
Plus grande reste à faire. Un peu de
pause icy,
Et foy de Loup, je fais retraitte,
En ce cas, voilà la Paix faite,
Dit Miraut, touche-là ! Le Loup touche. Est-ce ainsi,
Dit-il, que chez-vous l'on se
traitte ?
Miraut répond, bon ? Tu ne vois-là
rien.

C'est

C'est au Hameau bien autre chere.
Le Loup luy repartit, se levant de colere,
„ Si quelqu'un d'entre-nous en osoit autant faire,
Quelle plainte en feroient tous vos Bergers?

Fort bien;

Répond Miraut, en bon sens pas tant chien,
„ Vous ne vivez que de rapine.
„ Autant qu'il vous plaira, faites grosse cuisine,
„ Mais faites-là de vostre bien.

LA POVTRE, ET LES BOEVFS QVI LA TRAINENT

ou

La Plainte injuste.

FABLE V.

UNe longue Poutre de Chesne,
Dont les feüilles long-temps
servirent d'aliment

Aux Bœufs qui la traînoient, leur disoit tendrement,
Ingras ? est-ce ainsi qu'on me
traîne ?
Meritay-je de vous un si dur trait-
tement ?
Et mes bien-faits sont-ils cause de tant
de haine ?
Hé quoy ! ne vois-tu pas, répondit
tristement
L'un de ces Bœufs tout hors d'ha-
lene,
L'aiguillon qu'on nous tient aux flancs
incessamment ?
Qu'on ne nous laisse point respirer
un moment ?

A chaque pas, chaque gemissement
Te marque assez, que nous sentons ta peine.
Et quand, pour ton soulagement,
Nous marchons exprés lentement,
Un brusque Pique-bœuf rend nostre pitié vaine,
Et nous picque cruellement.
Ainsi donc tu vois clairement,
Que c'est à ce Brutal, qu'il faut que l'on se prenne,
De ce que nous faisons de mal innocemment;
Que loin de te traîner, nous souffrons le tourment,

De ſuivre, comme toy, le joug qui nous entraîne.

» Dis-moy? quand tu ſentois les coups du Charpentier,

» Dont tu n'eſtois pas épargnée,

» Eſtoit-ce contre luy que tu devois crier?

» Eſtoit-ce contre ſa coignée?

LE RENARD MONOPOLEUR

ou

Le Faste dangereux.

FABLE IV.

UN Renard maltotier menoit fort piteux train,

Craignant la Chambre de Justice.

Il n'alloit qu'en broüette, & vivoit
en gredin,
Ne mangeant du marché jamais que
le fretin.
Il ne tenoit à son service
Qu'un vieux singe pelé, have, & plein
de farcin.
De sa broüette en ville il estoit le Ros-
sin,
Cuisinier au logis, Commis, Portier,
Trottin,
Valet de Chambre, & Chef-d'Of-
fice,
Un Maître Jean fait-tout enfin.
Nostre Traittant de malefice
Alloit un jour à S. Germain.

Passant dans un Village, il vit un gros
mâtin,
Sur le Tapis fleury d'une belle herbe
verte,
Des restes presqu'entiers d'un superbe
festin,
Banquetant à la Turc, & tenant table
ouverte.
Le Seigneur du lieu ce jour-là
Regaloit toute sa famille,
Venuë aux Nopces de sa fille;
Et ce fut aussi pour cela,
Que nostre Mâtin regala
Tous les Chiens de son parentage,
Et qu'au Regale il appella,

Par consequent, tous les Chiens du
Village.

Le Monopoleur de retour,
Attenué de faim, mais encor plus
d'envie,
Veut, dit-on, le taxer, faire meilleure
vie ;
Tenir à ses Amis table ouverte à son
tour,
Mener beau train, & paraître à la
Cour.

Le Singe, serviteur fidele,
Et qu'un âge plus mûr avoit rendu
plus fin,
» Vous allez vous brûler, dit-il, à la
chandelle;

» Et pour vous, qui vivez en Traittan
Clandestin,
» Le grand air de la Cour, est un air
tres-malin.
» Plus affamé que vous, un Marquis,
à toute heure
» Fatigué de maint Creancier,
» Qui, rebuté, s'obstine à l'attendre,
& demeure
» Dans l'Antichambre un jour entier,
» Ce Marquis, dis-je, Exemple; un
Tygre, un Loup-Servier,
» Que le Sire Lyon cherit pour sa
proüesse,
Et qui ne mord jamais sans emporter
la piece,

» Fera tous les matins la cour du maltotier;

» Associra quelque Officier;

» Tour à tour il sçauront si bien le decrier,

» Qu'ils auront sa dépoüille. Ah, Monsieur! que je meure!

» Pour des gens de vostre métier,

» La vie un peu cachée est toûjours la meilleure.

» La bonne chere & tout ce qui la suit

» N'est pas celle toûjours, qui fait le plus de bruit.

» Nous pouvons à huis clos, & sous tres-sure garde

» Manger, comme à la Cour, Bisque,
Chapon, Poularde,
» Gelinote, Pigeon, Lapin, Perdrix,
Faisan,
» Poix verts au mois de Mars, Muscat à la S. Jean.
» Au bas de l'Escalier mettez un Chien fidelle,
» Qui tout le long du jour y fasse sentinelle;
» Par qui des Mouchars, avertis,
» Nous n'en serons jamais surpris.
» Ainsi de tout ce qu'à la Hale
» Chaque saison étale
» De rare & de friant

» En toute ſeureté chez- vous d'ors-en avant

» A peu de frais je vous regale

» Payez de vos Emprunts l'exceſſif Intereſt ;

» Pour vos quartiers d'avance, ayez v oſtre argent preſt ;

» Payez, & recevez avec un ſoin Extrême,

» Et point d'éclat. Monſieur ! voila, ſans craindre rien ,

» L'Art & de vivre heureux, & d'amaſſer du bien.

Le Renard, rentrant en ſoy-meſme,

Crût ſon Singe, & s'en trouva bien.

L'AIGLE ET LE PEROQUET

ou

Le Courtisan babillart.

FABLE VII.

POUR

M. DE G.

VN jeune Peroquet d'une famille insigne,

Sattrappe de Madagascar,
Qui descendoit en droite ligne
Du Peroquet Romain, le Grand-Kairé-Kesar,
Enfin de belle taille, & d'humeur tres-benigne,
Vint s'offrir à l'Aigle Lorrain,
Prince fort riche, & qui menoit beau train,
Pour luy servir de Page indigne.
Comme il se promenoit un jour
Dans le jardin du Luxembourg;
Dandinant de sa queüe, & balayant la terre,
Il apperceut le Prince au milieu de sa Cour,

Sur le Baluſtre du Parterre,
Et repaiſſant ſes yeux, des beautez d'alentour.
Le Madaſcarin s'avance, & le ſaluë;
Luy fait, au lieu de compliment,
Une Harangue en forme, & tres-bien entenduë.
(Cet oyſeau naturellement
A la langue tres-bien penduë.)
L'Aigle Prince l'écoute en Aigle, fierement;
L'Orateur, qui ſçait ſon affaire,
Le regarde auſſi fixement;
Enfile, & pourſuit bravement
Sa Harangue, ſans ſe deffaire.
Il ne manqua pas de vanter

En gros, puis en détail les Ayeulx de
nostre Aigle.
Car il sçavoit la grande regle;
» Pour plaire aux Grands il faut flater.
En suite il luy fait voir sa race
Plus claire que dans une glace,
En le faisant d'Aigle en Aigle monter
Jusqu'à l'Aigle de Jupiter,
Puis retombant sur luy, le loüa d'importance,
Sur ses yeux foudroyans, qui le font redouter,
Et sur sa Ducale prestance;
Puis tournant sur soy mesme, enfin son éloquence,

» Pour mon estoc, dit-il, il est si plein d'honneur,
» Qu'il en créve. Mais, patience!
Chacun sçait que tout grand parleur
Et d'ordinaire grand hableur,
Et du côté de la naissance,
Chacun se fait, tant qu'il peut, grand Seigneur.
Nostre Prince écoutoit volontiers l'Imposteur,
Et sembloit luy donner une pleine croyance.
Maint Oyseau Courtisan, craignant que son bon-heur
Ne recula du sien l'enchanteuse esperance,

Dans l'Ame enrageoit de bon cœur.
Ce jeune Ecervelé poussa son impudence,
Jusque-là, que de mettre en fait,
Qu'il avoit l'honneur de descendre,
Soit du côté gauche, ou du drét,
Non pas d'un chetif Roitelet,
Mais du Phœnix, dont son pere estoit gendre.
» Tout beau, dit le Phœnix, on pourroit vous apprendre,
» Que le Phœnix meurt seul, & renaît de sa cendre.
» Ainsi treuve de parenté.

La beveüe arresta tout court nostre Effronté,

Et sur le point de congé prendre,

» Courage, dit l'Oyson, on peut bien se méprendre.

» Peste soit du fat ! dit le Geay.

» La Pie alloit crier haro ; Paix ! Ouais ! je sçay,

» (Dit l'Aigle qui le veut jusques au bout entendre)

» Que tout ce qu'il a dit est vray.

Chacun se tût, & ce gasçon sauvage

Enflé d'orgueil, d'un tel suffrage,

Et promenant ses yeux sur son dos d'un vert gay,

„ Je ne vous diray rien, Seigneur! de mon Plumage,

„ Vous l'aimez, reprit-il, & j'auray l'avantage

„ Sur tous, que pour mon equipage,

„ Il ne vous en coutera rien.

„ Un peu de vin d'avantage

„ Ira pour mon entretien.

„ J'ay fait ſous Monſieur F. * deux ans de Rhetorique.

„ C'eſt de tous nos Faux-bourgs le ſeul Grammairien,

„ Qui d'entendre un Autheur le plus obſcur ſe pique.

„ Et ſi vous en vouliez une preuve autentique,

„ Je vous ferois bien voir, que tou courant j'explique
„ Mon Corneille Tacite, & dans le sens qu'il faut.
„ Un Quidam, qu'on vouloit commettre à ma conduite,
„ A dit chez-nous, que F.* n'a fait de moy qu'un sot,
„ Avec son Corneille Tacite;
„ Mais ce Quidam n'est qu'un Grimaut,
„ Qui n'en connait point le merite;
„ Car ce sçavant Maître d'Ecole dit,
„ Que toute lecture facile,
„ Comme d'Ovide, & de Virgile,

„ N'ont jamais fait un homme habile ;
„ Un Galand homme ; un bel Esprit ;
„ Comme feroit Tacite ; & que seul il suffit ;
„ Bref, que cet Autheur en vaut mille,
„ Malgré la dissertation,
„ Qu'en fit jadis S. Eurémon.
„ Passons. Je fais Romans, Nouvelles, Rapsodies,
„ Operâ, Balets, Comedies.
Je jugeray d'une piece aussi bien
Que le meilleur Comedien.
Et si pour la fronder, vostre Altesse cabale,
Ou par caprice, ou par raison,

D'abord à Guenegaut vous servant de second,
Sur le Theatre, assis prés de vous, je m'étale,
Et du meilleur Acteur bernant l'air, & le ton,
Je vous fais tomber net la piece de P. *.
L'autre jour je me laissay dire,
Qu'à l'Hostel le Comte d'Essex,
Courut risque d'avoir un fort mauvais succez;
Quoy qu'on ne puisse mieux écrire,
Une Dame, venuë exprés
Pour y déchainer la Satyre,
A tout coup s'éclatoit de rire.

Et

Et quand ce vint à cet endroit,
Où le Comte arresté ne fait point ce qu'il doit,
Rendant lâchement son Epée,
La Dame, qui toûjours frondoit,
Repeta, *mon Epée.* Et fit une huée.
Chacun sçait qu'elle s'y connoît,
Mais par respect pour la donzelle,
Personne ne rit avec elle.
Je n'estoit point là par malheur,
Et bien en a pris à l'Autheur,
» Je pipe en Poëmes Epiques!
» Et sur le plus fameux, de vos fais heroïques,
» Dans un mois je vous en fais un,

» Et qui ne ſera pas ſurement du commun.

» J'y ſurpaſſeray de cent piques

» Ces Poëtes Sibus, ces Fats,

» Qu'à bon droit Deſpreaux dans ſes eglR es Poëtiques

» Traitte de haut en bas.

» S'il vous faut une preuve, & caution tres-ſure

» De ma vie, & paſſée, & preſente, & future,...

» Conclus, dit l'Aigle au Peroquet.

» Encor un mot, Seigneur, reprit-il, & c'eſt fait.

» Soyez Politique, ou Coquet,

» Pour conduire une intrique, & garder le ſecret,

Vous n'aurez jamais un tel Page,
Pour la Ruëlle & pour le cabinet.
» Je sçay parler Latin, Gref, bref de tout langage.
» J'ay toute sorte de ramage.
» Je sçay joüer du flageolet.
» Chanter Air de Cour, Triolet.
Dancer &.... ç'en est trop, & vous estes trop sage,
» Dit l'Aigle Prince d'un sens fred,
» Avec tout ce grand assemblage
De rares qualitez, vous n'estes pas mon fait.
Vous avez de l'Esprit, & vous estes adrét,

» Mais vous parlez trop; c'est dommage,
» Car je n'aime point le caquet.

A. M. de G.

On void bien, Illustre Princesse!
Sans y regarder de trop préz,
Que c'est à vous, que ma Fable s'adresse;
Que c'est pour vous que je l'ay faite exprêz.
Aussi n'en fais-je point finesse,
Et n'en déplaise à vostre Altesse,
J'ose le dire hautement,
Vous faites le discernement
Du Vray, d'avec le Faux, avec tant de justesse;

Qu'il ne faut point avec vous de detour ;
Que vous lisez comme en plein jour
Dans les plus noirs replis de l'Ame;
Oüy, j'ose le dire Madame,
Il n'est point d'officier chez-vous, ny de Valet,
Qui ne soit, comme on dit, trié sur le volet,
C'est à dire, pieux, discret,
Du corps & de l'Ame parfait
En tout genre de politesse,
Et selon la delicatesse
Du choix, que vous en avez fait,
Qui n'appartient qu'à vostre Altesse.

Si c'estoit dire assez, je le dirois san[s]
cesse.
Mais toute l'Europe confesse,
Que c'est vôtre moindre Attribu[t]
Allons donc, allons droit au bu[t]
Et disons en un mot, que Rome, [&]
que la Grece
N'urent, au prix de vous, que Dam[es]
de rebut;
Que vous estes enfin, la plus grand[e]
Princesse
Qui sera, qui soit, & qui fût.

LES CHAPONS GRAS, ET LE MAIGRE

ou

Les victimes engraißées.

FABLE VIII.

UN Gentil'homme du bas Maine,
Franc comme Ozier, & l'ame humaine,

Ennemy des procés, pour tout dire l'amour
Des Gentil-hommes d'alentour;
Outre un ample & riche Domaine,
Avoit bon Parc, bon Clos, & bonne Bassecour,
Bon Colombier de pié, Garenne,
Bon Paillier, mainte Beste à laine,
Beste à corne encor plus, que je ne vous dis pas.
Il estoit curieux sur tout en Chapons gras,
Et jamais sans une centaine.
Il en estoit un seulement,
Qui ne profitoit nullement.

C'eſtoit une Beſte Epaulée,
Etique, mangeant comme dix,
Et de nos Rominagrobis,
Toûjours de coups de Bec, ou de langue arcelée,
Et chacun à l'envy diſant ſa Ratelée,
Le Diable n'auroit pas faitpis.
La pauvre Beſte en patience
Rongeant ſon frein,
Alloit ſon train,
Les autres par pitié redoublant ſa pitance,
Luy laiſſoient ramaſſer les reſtes de leur grain,

Et pour remerciment, tres-humb
reverence,
Quelle faisoit, disant tout bas (grand
mercy, pan se!
Enfin toûjours en butte à ce Peupl
arrogant,
Elle estoit plus soûple qu'un gand
Mais elle eut un jour sa revan-
che.
Chacun sçait que tout Chapon
gras
Est comme un Oyseau sur la bran-
che,
Toûjours prest à passer le pas.
Il vint au Seigneur compagnie.

Au Cuisinier ordre aussi-tost,
De se pourvoir de ce qu'il faut.
Il court droit à l'oyselerie,
Et tous l'un aprés l'autre & les tâte, & les trie.
En met dans son sac pour le pot
Six, & six autres pour le Rôt,
Et les charge sur ses Epaules,
Et Maigret, dans un coin tâpi, ne disoit mot,
Riant, en Capon, de mes Droles.
Voicy les dernieres paroles,
Que disoit l'un d'entre Eux en allant à la mort,
Dont le Cuisinier fit un fidelle rapport;

» Heureux ! du Famelique heureu
trois fois le ſort !
» Le Ciel jamais ne le delaiſſe.
» Ses jours ſont aſſurez. Rien ne peu
les troubler.
» Nous ne ſommes, à bien par
ler,
» Que des Victimes, qu'on n'en-
graiſſe,
» Que pour plûtoſt les immoler.

LA PIE ET LA COLOMBE,

ou

La ſimplicité trompée.

FABLE IX.

LA babillarde Pie, & la ſimple
Colombe,
Eſtant un jour enſemble en devis familier,

De fil en éguille l'on tombe
Du general, sur le particulier.
Mais à propos, luy dit la Pie,
Quel charme peut vous engager,
A nicher, toute vostre vie,
Dans des trous, ou toûjours on la void au danger,
De vous estre ravie,
Estant à la mercy de qui veut vous loger?
Et vous ne faites point de Petis, qu'on n'épie
Le tems, qu'ils soient bons à manger,
Alors jusque sous vous on vient les egorger;

Quoy qu'on vous fasse enfin, rien ne
vous congedie.
Vous sçavez que la Pieté,
Aux Tigres mesmes naturelle,
Vous oblige d'aimer vostre Posterité.
La Colombe qui sçait, pour en avoir
tasté,
Que la Pie est sur la moralité
Une discoureuse eternelle,
Satisfait en deux mots sa curiosité;
» J'ayme mes Petis, luy dit elle,
» Mais helas! que veux-tu? c'est ma
simplicité.

LE CHARDONNERET

ou

L'Esclave Favory.

FABLE X.

A

M. LA G. D. DE T.

UN jeune Abbé, qui n'avoit rien
à faire,

Faisoit sa capitale affaire,

De

De nourrir des Oyseaux de toutes les façons.
Dans une ample voliere il avoit deux Pinçons,
Quatre Serains de Canarie,
Trois Alloüettes, une Pie,
Six Rossignols, un Peroquet,
Dans une cage à part certain Chardonneret,
Qu'il aimoit, & pour qui son soin estoit extrême.
Il les nourrissoit tous luy-mesme,
Mais c'estoit fait d'un tour de main,
Et toûjours le mesme ordinaire,
D'un côté, de l'Eau toute claire,

Et de l'autre, rien que du grain.

Mais l'Oyseau favory faisoit meilleure chere,

Ne mangeant que biscuit, ne beuvant
qu'Hypocras,

Et regulierement l'Abbé luy faisoit
faire

Tous les jours ses quatre repas.

Il estoit luisant, gros, & gras,

Comme un Deputé des Etas.

Sa Cage estoit ample & jolie.

Mais enfin, sa Prison l'ennuye.

Et c'est ainsi que vont les plaisirs d'icy
bas.

Toûjours de quelqu'ennuy leur douceur est suivie.

Sa chere liberté ravie,
Et ſa Captivité d'un an
Luy font enviſager l'Abbé, comme un Tyran.
Là-deſſus, d'un prochain bocage
Viennent les Libres Habitans
Voltiger au tour de ſa Cage.
L'un debute par le beau-temps.
L'autre, par les beautez dont pare le Printems
Bois, prés, Ruiſſeaux, Champs, Clos, Jardins du voiſinage.
L'autre vante la Paix de leurs charmans Deſers,
L'autre, leurs ruſtiques concers.
L'autre oppoſe à la Tyrannie

De ſa priſon & de ſes fers,
Les vaſtes Campagnes des Airs,
Patrie, & Liberté, deux biens qui ſont ſi chers,
Et s'étonne de voir, que ſa gorge eſt jaunie,
De mille ennuis ſecrets, que ſon Ame a ſouffers,
Depuis que pour jamais elle s'en void bannie.
Un autre alloit parler. Mais on entend du bruit,
Et de peur de quelque Avannie,
L'Eſclave Favory ſoudain les éconduit.
L'Abbé vient apportant bouteille

De Vin Muſcat, dragée en Nompareille
Plein une boëte, un gros Biſcuit,
Lardé de mainte Noix confite.
C'eſtoit l'heure à peu prés de la colation.
L'Abbé ſe fait honneur de ſa profuſion,
Mais l'Oyſeau, que l'amour du Pays ſollicite,
Contre l'Abbé conçoit l'averſion
Qu'a le Forçat pour ſon Comite.
La contrainte oppoſée à tant d'affection
Par un effet contraire & l'Indigne, & l'Irrite.

» Liberté! Liberté! se dit-il en secret,
» Hé! le cruel croit-il payer ce que merite
» Le bien qu'il me retient, par tous ceux qu'il me fait?
C'est ainsi que l'Oyseau contre l'Abbé s'excite.
Mais comme l'éclat le perdroit,
Il se surmonte, & plus qu'il ne voudroit,
Avec luy boit, mange, & folatre
L'Abbé folet, qui l'Idolatre,
Avec luy boit, mange, & folatre aussi,
L'un, non de bon cœ[illegible], l'autre,

Soû de manger & deire,
De son côté chacun tire;
L'Abbé, pour écrire, ou lire,
Monte en sa chambre tout droit,
Ou Barbedor l'attendoit.
Nostre songe creux se retire
En un coin de sa Cage un peu sombre,
& là void
Quel stratagême, ou quel endroit
Luy facilitera sa fuite.
Mais voyant sa Cage construite
D'un fil d'Archal, & si gros, & si drû,
Que la teste passée y laisseroit le cû,
» La force n'y peut rien ? usons de
stratageme,

» Dit-il, je sçay que l'Abbé m'ai-
me ;
» Faisons si bien par nos beaux
dis
» Qu'il nous fasse tous les Jeu-
dis
» Avec luy manger à sa table
» Et quand l'occasion nous sera
favorable,
» Par la fenestre adieu vous dis.
Il avoit du credit sur l'esprit de son
maître,
Et sur sa table alors on ouvroit la fe-
netre.
L'Histoire positivement
Marque, que c'estoit justement

Dans

Dans le fort de la Canicule.

Jusqu'au premier Jeudy le captif dis-
simule.

Ce Jeudy, l'Abbé vient au Regale, &
l'Oyseau

Dit qu'il n'est pas bien dans sa
peau.

L'Abbé passe & transi veut en sçavoir la cause.

» Il n'est pas bon pour la santé

» De vivre en cage toûjours close,

(Luy répond nostre Oyseau futé,

» Si vous aviez pour agreable!

» Que les Jeudis sur vostre Table

» J'allasse, poursuit-il, bequeter vôtre Pain;

» Dans vostre Gobelet tâter de vostre vin !

» Et grignoter sur vostre assiéte.

» Je joüirois toûjours d'une santé parfaite,

L'Abbé donne dans le panneau;

Ouvre la Porte de la cage;

En tire bonnement l'Oyseau;

Le porte à table, ou le Potage

Déja les attendoit tous deux.

Là l'Oyseau se gorgeant de ses mets savoureux,

Afin d'avoir meilleur courage

D'executer son dessein hazardeux,

Et pour le cacher davantage,

Luy fait, interrompant à tout coup son ramage,
Cent petits contes croustilleux,
Et cent petits sauts perilleux
Entre la poire & le fromage,
Tantost sur son Epaule, & tantost sur son doigt.
Enfin prenant le temps qu'il boit,
Il prend l'essor & gagne la fenêtre;
» En vous remerciant mon maître.
A ces mots, le Maître interdit
D'une voix flatteuse l'appelle.
» Mais serviteur. Point de nouvelle,

» Dit l'Oyseau, ce n'est plus le tems.

» Tout va chez vous par Ecuëlle,

» Et tous vos mets sont friansi

» Vous m'aimez ; mais bagatelle,

» Il n'est que la clef des champs.

» Non, non : Ce n'est point-là la Raison singuliere

» Qu'il te fait me quitter ainsi,

» Petit ingrat ! repart l'Abbé transi,

Et d'un ton radoucy,

Pour l'amuser, tandis que la Bruiere,

Son Valet, est allé le prendre par derriere.

» Monsieur, répond l'Oyseau, non, je ne sors d'icy,
» Que pour la raison que voicy;
» Vous vivez à vostre maniere;
» Je veux vivre à la mienne aussi.
Ainsi dit, ainsi fait, & gile.
Le Valet se donnoit une peine inutile.
L'Oyseau s'en deffioit, & pendant son discours,
Comme on dit, il avoit toûjours
Un œil au Champ, l'autre à la Ville.

A
M. LA G. D. DE T.

Si quelque demy-fat, ou demy-bel Esprit

Soûtient, pour se mettre en credit,
Que le masque de cette Fable
Cache une histoire veritable,
La chose, à dire vray, n'est pas insoutenable,
C'est ce que de tout temps l'on fit.
Mais aussi s'il n'est vray, qu'à cause qu'il le dit,
Et que la chose est vray-semblable,
C'est un fondement fort petit,
Pour la tenir incontestable.
Pour Vous, dont le bon sens est du tout impeccable,

Ce que vous en diriez seroit sans contredit.

La Princesse la dit, diroit-on, il suffit.

Mais il m'importe peu si le Peuple y souscrit;

Qu'il en juge à son gré, j'y consens, si ma Fable

Luy profite, & vous divertit.

LE COUCOU ET L'OYSEAU DE PROYE

ou

Telle vie, telle fin.

FABLE XI.

UN Oyseau bandoüillier, comme Autour, ou Milan,

Un Bandit, ne mangeant que Perdrix, qu'Ortolan,

Que Pigeon, qu'il prenoit à la petite
guerre,
Rencontrant à midy dans son Nid un
Coucou,
Luy dit, bon jour, Cousin! Hé quoy
n'est-tu pas fou?
Ayant, ainsi que nous, mesme bec,
mesme serre,
D'estre à l'heure qu'il est au nid?
Et d'y vivre, en Cafart, d'Insecte &
de Reptile?
Quand de maint Oyseau gras la capture facile
De mets delicieux chaque jour me
fournit?
Il est vray que je viens de race,

Luy répond le Coucou, fort adrette
à la chasse,
Et comme un autre enfin, je vivrois
de gibier,
Mais sur terre d'autruy je crains quel-
que disgrace
D'un gluau, d'un Panneau, d'un laqs,
d'une tirasse,
D'un long fusil à giboyer;
Si je fais maigre Cuisine;
Je goute un repos entier.
Qui ne vit que de rapine,
Vit d'un dangereux métier.
Et tu me portes la mine,
Qu'un demy Gentil'homme, ou demy
roturier

Sur ſon huis delabré t'eſtende un jour l'échine,
Et t'attache chaque quartier.
Couſin! je ne ſuis point ſorcier,
Bien moins Noſtradamus, ou Mathurin Queſtier,
Je ne ſuis qu'un Coucou, mais ſouvent je devine,
Et ceux, au nid deſquels je pons,
Dés que je dis, Coucou! tâtent leurs fronts.
Enfin des malvivans la perte eſt toûjours ſure.
La poire tombera, dés qu'elle ſera mure.

Croy-moy! ne fais point tant le fier;
Je te dois cet avis sincere,
Adieu! répond le Brigand en colere,
Et voyant un gros Colombier
A quatre pas de là, dans la cour d'un fumier,
Il y fond de dépit. Commence le carnage.
Tout ce que de Pigeons y rencontre sa rage,
Est égorgé, croqué, Pere, mere, Petit,
Et ce qu'il n'acheve point, nage

Dans les flos de son sang, qui l'étouffe en son nid.

Du Reste Epouventé la foule fugitive
Se sauve sur le toit, non sans faire un grand bruit.
A ce bruit le Fermier arrive,
Et de la cause trop instruit,
Du Colombier court fermer la fenétre,
Ouvre la porte, entre, & saisit le traître,
Qui surpris en flagrant delit,
Se trouble, frissonne, palît.
» L'image du gibet luy monte en la pensée.

» Il n'a goûte de sang qui ne soit lors glacée,
Connaissant que son crime est crime capital,
Et partant un cas Prévotal.
Tibaut le suit aussi, qui sans misericorde
Dans le col luy passe une corde,
Et dressant sur le champ dans sa cour un Poteau,
Est son Prevôt, & son Boureau;
En fait à ses Consors exemplaire Etalage,
Comme on fit autrefois aux Lyons de Carthage,

Enfin il fut pendu tant que mort s'ensuivît,
Comme son Tiresie avoit su luy predire.
Passant le col hors de son nid,
Pour voir dequel côté soufle Bise, ou Zephire,
Voulant s'ébatre au champ, le Cousin Coucou void
Le Cousin Hobreau faire la Capriole,
Saut que dés long-temps il prevoit.
Lâchant un long soûpir, aussi tost il avole,
Et luy dît d'une triste voix,

» Vas ou tu veux; meurs ou tu
dois.

Hé bien Cousin ! ma pauvre vie,
Ne te fait-elle point Envie?
Ne vaudroit-il pas mieux pour
toy,
D'avoir toûjours vescu d'Insecte, comme moy,
Que d'avoir fait si bonne chere,
Et de mourir de mort amere?
» Mille autres beaux dictons, que ce Rheteur rapporte,
» Ne luy fait point de bien
» Car le pauvre se croit une personne
morte
» Et n'écoute plus rien.

Le Ra

LE RAT, NE' DANS LA CORBEILLE AUX NOIX,

ou

Le sot amour de la Patrie.

FABLE XII.

O Vous ! qui du Pays natal
Avez si fort la Maladie,
Que la grasse Caucagne, & l'heureuse Arabie,

Ne ſont qu'affreux Deſers pour vous, à ſon Egal,
Voicy le Remede à ce mal,
Liſez, Badaux! Liſez. Je vous en prie!
Vous verrez un Original,
Qui n'eſt point chez-vous ſans Copie.
Proche du Potager d'une graſſe Cuiſine,
Un vieux Rat, à la maigre Echine,
Avoit toûjours veſcu dans la Corbeille aux Noix,
Lieu de ſon Origine,
Sans que pendant dix-ans, dit-on, & quelques mois,

Cet Abstinent Reclus en sortit
une fois.
Un soir pour s'ébaudir sautant dans
sa Corbeille,
(Car naturellement tout Rat saute à
merveille)
Il tomba sur le Potager,
Pour luy Terre inconnuë, & Pays
Etranger,
Mais dont les Habitans ne sont pas
si sauvages ;
C'estoit Restes de Rot, de Ragouts,
de Potages,
Si bons qu'ils se laissent manger.
Dés qu'il eut goûté de la soupe,

Mais ſoupe à ſe lécher babine, barbe, & doigts,
Il s'écrie, aſſis ſur ſa Croupe,
» Peſte! dans la Corbeille aux Noix
» Ay-je fait en dix-ans une Chere pareille.
» Par ma foy j'eſtois un grand fou!
» De croire qu'il ne fut de Paris au Perou
» Rien, qui peut égaler mes Noix & ma Corbeille.
» Ma Corbeille! Et mes Noix! Je prens congé de vous.
» Vive le Potager, qui m'offre un meilleur gîte.

» Celuy de la Patrie est sans doute bien doux;
» Mais qui pour un meilleur, ne l'abandonne vîte,
» Sans doute est le plus grand des foux.

LE SERPENT,

ou

Les desirs dereglez.

FABLE XIII.

RODANT dans une Vigne aprés vandange faite

Un Serpent affamé cherche dequoy manger.

Et ſous des Pampres ſecs trouvant une ſerpette,
Comme un friant morceau commence à la ronger.
Il ſe fait à la langue une large bleſſure.
Le ſang en coule abondamment.
Le croyant du morceau, qu'il mache avidamment,
Il en avale outre meſure,
Et de ſon propre ſang le Serpent ſuffoqué
Créve comme un boudin, que l'on a pas piqué.
Qui ſuit ſes avides deſirs.
Et court à toute amorce offerte

Des faux biens de la Terre & de ses
vains plaisirs
Court sans le sçavoir à sa perte
Et le bien qu'il poursuit avec trop de
chaleur
Et qu'il croit son bon-heur suprê-
me
Le jette, & par luy-mesme.
Dans le dernier malheur.

L'HI-

L'HIRONDELLE ET L'ARAIGNEE

OU

L'Ingratitude punie.

FABLE XIV.

C'Est une verité constante de tout temps,

Que toûjours les Petits portent envie aux Grands.

Il n'est point de Valet, quelqu'heureux
qu'il puisse estre,
Qui ne prit volontiers la place de son
Maître.
Le Commis voudroit bien supplanter
son Caissier,
Et le Soldat, son Officier.
La Guyot voudroit bien effacer la Mo-
liere,
Comme Bonval, la Tourilliere.
Et jamais de son sort aucun n'est satis-
fait.
Dans cette Fable nouvelle,
L'Araignée à l'Hirondelle
Le fait connaître assez. Aprés un grand
bien-fait,

Qu'elle a fraîchement recû d'Elle,
L'Ingrate veut l'exterminer. Au fait.
Autant que bonne Sœur, Mere denaturée,
Progné donc s'estoit retirée
Sous le vieil Arc-boutant d'un Temple ruiné,
Pour se mettre à couvert des fureurs de Ter ée,
A qui de son fils tronçonné,
Elle avoit fait galimafrée,
Pour le punir d'un amour forcené,
Dont I[illegible] avoit sa Sœur deshonorée.

Dans cette retraitte assurée,
Elle avoit donné place à la vaine Arachné,
Qui pour s'estre à Pallas sottement comparée
En toute œuvre de Laine, ou simple, ou figurée,
Avoit reçu d'un fol Entestement
Le prompt & juste châtiment;
La mesme affaire justement
Des Titans, & de Salmonée,
Exemples, à mon jugement,
D'ambition desordonnée.
Nostre Ouvriere Enfin, devenuë Araignée,
(Malheur à qui se prend, mesme

au plus petit Dieu,
N'ayant ny pain, ny feu, ny lieu,
Mais seulement pleine & noircie,
Du noir venin de son Envie,
Gueusoit, hutée au bord d'un grand chemin.
Progné passe. Arachné l'appelle.
Progné chassoit aux Mouches ; Et chez Elle
Arachné fit jadis ouvrages de quintin.
La connaissance ainsi se renouvelle,
Puis d'un ton à faire pitié,
Arachné conte sa misere.
Progné la plaint. En sent au cœur douleur amere,

Et la prenant en amitié,
De son gibier luy donne la moitié.
La consolation, dit-on, d'un Miserable,
Est de rencontrer son semblable.
Elle la prend. Luy donne azile en sa maison,
Et luy montre comme il faut tendre
Des Rets aux mouches, pour les prendre;
A vivre enfin de Venaison.
Dés qu'elle l'eut appris, voyez la trahison!
Il vient en l'Esprit de l'ingratte,

Que l'Hirondelle & ses petits
D'une façon ou d'autre estant aneantis,
Tout le gibier du Pays
Viendroit tomber sous sa patte.
Dans ce tragique dessein,
Elle réve, Elle examine
S'y ce seroit le plus certain,
De s'en deffaire par famine,
Ou bien de leur ôter d'abord le goût du pain,
En leur faisant tremper leur mie
Dans le Nectar de Boucingot,
Y jettant la drogue qu'il faut,
Sans de sainte Croix estre amie.
On sçait qu'elle n'en manque mie,

Mais Elle craint trop le fagot,
Sortant fraîchement de la corde,
Dont par pure misericorde
Pallas venoit de la tirer.
Car voulant se desesperer,
Pour ne survivre à son injure,
Elle s'étoit penduë avecque sa ceinture.
Araigne jugeant donc qu'il valoit mieux ruser,
Le Diable la fit aviser,
De tendre ses filets à l'huys de sa Compagne.
» Que faites-vous, commere Araigne !
» Dit l'Hirondelle dans son nid.

» C'est

C'eſt pour attraper, répond-Elle,

» Cét Atome volant, ce moucheron maudit,

» Qui lors que vous dormez ſans ceſſe vous arcelle.

» Dormez en ſureté, je feray ſentinelle.

Au bout d'un long filet la galande ſe mit.

L'Hirondelle la croit, & dort. La bonne beſte

L'enjoloit, s'étant mis en teſte,

Qu'il viendroit un Freſlon l'éveiller en ſurſaut;

Que ſur luy voulant faire aſſaut,

Dans ses Rets ou plûtôt dans sa bourse tenduë

Elle donneroit d'un plein saut.

Mais tel est de l'Orgueil l'aveuglement extrême,

Le Ciel, qui des Ingrats sçait punir les mépris,

Et s'en est reservé la vangeance suprême,

Veut qu'on s'enfile de soy-mesme,

Et qu'en pensant prendre, on soit pris.

L'Araigne croit agir en Araigne rusée,

Et qui sçait finement mesler une fusée.

Cependant la chose arriva
Tout au rebours de sa pensée,
Et la perfide se trouva
Dans ses filets embarassée.
Progné son somme acheva,
Et quand l'heure en fut passée,
A peine eut-elle en l'air une œillade lancée,
Qu'au travers des filets d'eux freslons apperçûs
Venoient pour affaire pressée.
Dans un coin de son nid l'Hirondelle mussée
Les attend au passage. Ils viennent, & dessus
Elle fond teste baissée ;

Des deux ne fait qu'un gobet.
Mais le pis fut que l'Araigne
Se vit en pleine Campagne
Emportée, & pendante au bout de son filet,
Vers le milieu d'un Lac d'une vaste étenduë.
Au milieu de ce Lac sortoit Roche pointuë,
Sur qui Progné planant la tenoit suspenduë.
La Pauvre Aragne preste à choir,
Et partant, Aragne perduë,
Reconnaît, mais trop tard, qu'elle dût bien prevoir,
Que se flatter de voir,

Qu'en

Qu'en si minces filets grosse Beste s'arreste,
C'est être encor' plus grosse Beste,
Pleine d'un mortel desespoir,
Comme un Patient sur l'Echelle,
Elle apostrofe l'Hirondelle,
D'un ton dolent luy fait sçavoir,
Qu'elle avoit conspiré contr'Elle;
Et que cet attentat si noir
Estoit retombé sur sa teste.
» Oüy, poursuit-elle, avec trop de raison
» Je merite la mort, que ce Rocher m'apprête;
» Et c'est un châtiment doux en comparaison

» De mon ingratitude, & de ma trahison.

Le filet se rompant luy coupe la parole.

Elle tombe & sa teste molle
n'eût pas de peine à s'écacher
Contre la pointe du Rocher.

Et la pointe à jamais en demeura noircie,

Pour monument de son envie.

FIN.

www.ingramcontent.com/pod-product-compliance
Lightning Source LLC
LaVergne TN
LVHW012010220826
846092LV00001B/299

9782329776316